Es NAVIDAD

TODO SOBRE EL ÁRBOL DE NAVIDAD

KRISTEN RAJCZAK NELSON
TRADUCIDO POR ESTHER SARFATTI

PowerKiDS press

NEW YORK

Published in 2020 by The Rosen Publishing Group, Inc.
29 East 21st Street, New York, NY 10010

First Edition

Translator: Esther Sarfatti
Editor, Spanish: Ana María García
Book Design: Reann Nye

Photo Credits: Cover Stewart Cohen/Getty Images; p. 5 YanLev/Shutterstock.com; p. 7 Leena Robinson/Shutterstock.com; p. 9 AlexMaster/Shutterstock.com; p.11 Alena Ozerova/Shutterstock.com; p. 13 MarinaDa/Shutterstock.com; p. 15 https://commons.wikimedia.org/wiki/File:Christmas_Tree_1848.jpg; p. 17 Evans/Hulton Archive/Getty Images; p. 19 Alexander Tolstykh/Shutterstock.com; p. 21 Ryan McVay/ Photodisc/Getty Images; p. 22 Andrew F. Kazmierski/Shutterstock.com.

Cataloging-in-Publication Data

Names: Rajczak Nelson, Kristen.
Title: Todos sobre el árbol de Navidad / Kristen Rajczak Nelson.
Description: New York : PowerKids Press, 2020. | Series: Es Navidad | Includes glossary and index.
Identifiers: ISBN 9781725305113 (pbk.) | ISBN 9781725305137 (library bound) | ISBN 9781725305120 (6pack)
Subjects: LCSH: Christmas trees—Juvenile literature.
Classification: LCC GT4989.R35 2020 | DDC 394.2663—dc23

CPSIA Compliance Information: Batch #CSPK19. For Further Information contact Rosen Publishing, New York, New York at 1-800-237-9932.

CONTENIDO

UNA COSTUMBRE MUNDIAL

En muchos países alrededor del mundo, la gente coloca en casa un árbol de hoja duradera como el pino, para **celebrar** la Navidad. A veces se le pone **adornos** y tiras decorativas de palomitas de maíz. También suelen adornarlos con luces. Muchas familias ponen sus regalos de Navidad debajo del árbol. ¿Pero por qué lo hacen? ¿De dónde viene esta **costumbre**?

EN TIEMPOS ANTIGUOS

Los árboles de hoja duradera son los que se mantienen verdes durante todo el año. No pierden sus hojas en otoño como los arces o los robles. Muchos pueblos **antiguos**, como el chino, el hebreo y el egipcio, veían estos árboles como **símbolo** de la vida. Algunos hacían coronas, o aros, con sus ramas, tal como se hace hoy en día.

Antiguamente, en el norte de Europa, la gente celebraba la fiesta del invierno durante el día más corto del año. Ese día suele ser el 21 de diciembre. La gente **decoraba** sus casas con árboles de hoja duradera para alejar el mal. Estos árboles también les recordaban que, en poco tiempo, la primavera volvería y traería más cosas verdes.

Seguramente fue durante el siglo IV cuando se eligió el día 25 de diciembre para celebrar la Navidad, una de las fiestas más importantes del cristianismo. Con los años, más gente **adoptó** la fe cristiana y se mezclaron las celebraciones navideñas con las costumbres festivas de los pueblos antiguos. De esta manera, las ramas y los árboles de hoja duradera como el pino, se convirtieron en parte de las Navidades.

XMAS

DE ALEMANIA Y MÁS ALLÁ

Se cree que los primeros árboles de Navidad tuvieron su origen en Alemania, en la **Edad Media**. Allí, la gente ponía un árbol el 24 de diciembre para recordar la historia de la Biblia acerca del primer hombre y la primera mujer, Adán y Eva. La gente también ponía una **pirámide** de madera decorada. Estas dos costumbres se juntaron y dieron lugar a los árboles de Navidad actuales.

13

La idea del árbol de Navidad llegó a Norteamérica con los **colonos** alemanes que se establecieron en Pensilvania en el siglo XVII. Durante el siglo XIX, la popularidad de estos árboles creció gracias al príncipe Alberto de Inglaterra, que era de Alemania. Se sabía que él y la reina Victoria colocaban un árbol de Navidad, y eso ayudó a extender la costumbre por Inglaterra y Estados Unidos.

Al comienzo del siglo XIX, los árboles de Navidad también eran comunes en Suiza, Polonia y los Países Bajos. Cuando los **misioneros** cristianos comenzaron a viajar a Asia, llevaron consigo estas costumbres navideñas. Al llegar el siglo XX, ¡mucha gente en China y Japón ya tenía árboles de Navidad! En estos países, la gente decoraba los árboles con preciosos adornos de papel.

ADORNOS PARA COMPRAR

Los árboles de Navidad llegaron a ser tan populares que, a finales del siglo XIX, los adornos se comenzaron a vender en tiendas. Estos adornos eran de cristal, algodón, cuentas y papel. Pronto se pusieron a la venta también las primeras luces de Navidad. Así, los árboles de Navidad cada vez se iban pareciendo más a los que conocemos hoy en día.

¿VERDADERO, FALSO O FAMOSO?

Hoy, los árboles de Navidad se plantan en cada uno de los 50 estados, ¡Hawái incluido! Pero no todo el mundo pone un árbol de verdad en su sala. En la década de los 30, se comenzaron a vender árboles artificiales o falsos. Con los años, los árboles han cambiado de color y hoy podemos encontrarlos en verde, azul, plateado ¡e incluso en rosa!

Desde la Casa Blanca hasta Rockefeller Center en Nueva York, encontramos árboles de Navidad, están en todas partes durante el mes de diciembre. Muchas ciudades celebran actos de encendido de luces, y las familias pasan tiempo juntas eligiendo y decorando su árbol. ¡Es uno de los símbolos más especiales de la Navidad!

ROCKEFELLER CENTER

GLOSARIO

adoptar: tomar como algo propio.

adorno: pequeño objeto decorativo que se pone en otra cosa para hacerlo más atractivo.

antiguo: algo que viene de hace mucho tiempo en el pasado.

celebrar: hacer algo especial durante un día o evento particular.

colono: persona que vive en una colonia, o una tierra que pertenece a otro país.

costumbre: acción o forma de comportarse que es común entre la gente de cierto grupo o lugar.

decorar: hacer que algo tenga un aspecto bonito añadiéndole algún adorno.

Edad Media: una época en Europa que duró aproximadamente desde el año 500 d. C. a 1500 d.C.

misionero: alguien que viaja a otros lugares para difundir o extender su fe.

pirámide: una forma que es más ancha abajo y que se hace más y más estrecha en la parte de arriba.

símbolo: algo que representa otra cosa.

ÍNDICE

SITIOS DE INTERNET

Debido a que los enlaces de Internet cambian constantemente, PowerKids Press ha creado una lista de sitios de Internet relacionados con el tema de este libro. Este sitio se actualiza con regularidad. Por favor, utiliza este enlace para acceder a la lista: www.powerkidslinks.com/IC/trees